Vorlagenbogen A

Kochlöffel Geschenkideen. Originelle Bastelideen für jeden Anlass

ISBN 3-89858-367-8

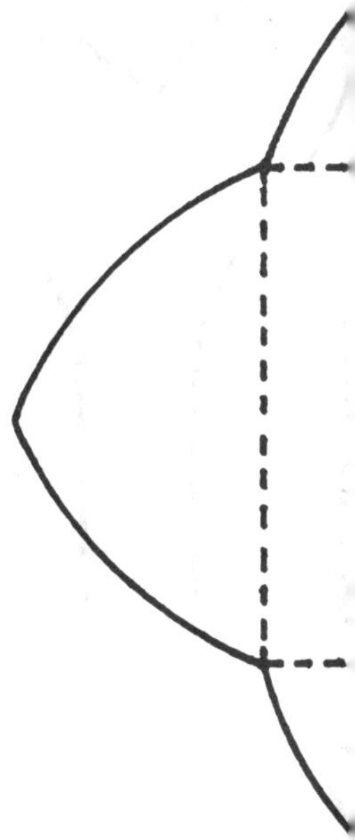

7

1

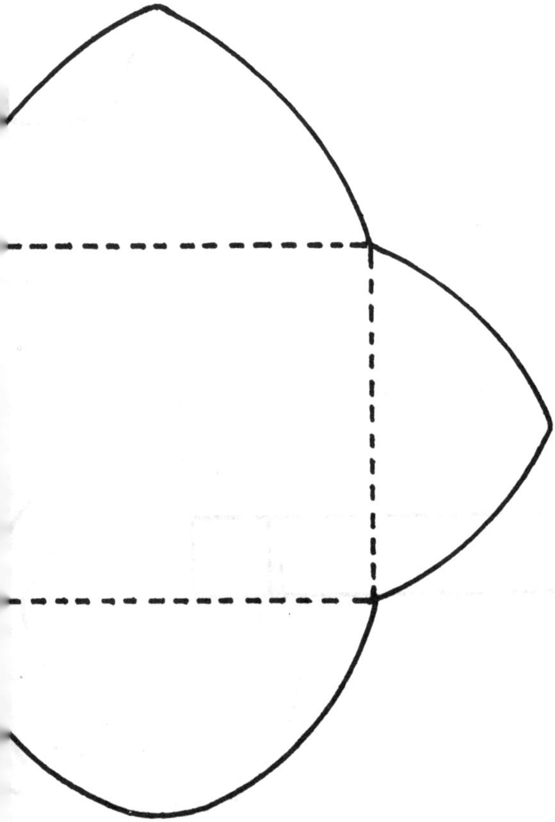

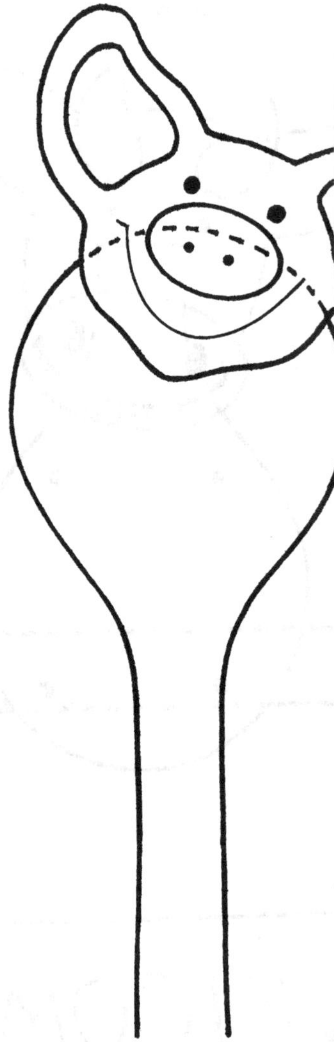

Liebe Leserin,
lieber Leser!

Da sind sie wieder! Gemeint sind damit gewöhnliche Holzkochlöffel, die – fröhlich bunt bemalt und hübsch dekoriert – eine erfrischende Frühlingskur erhalten haben. Neben witzigen Blumen- und Geschenksteckern wie Marienkäfer, Schweinchen, Hase oder Küken stelle ich Ihnen auch nützliche Ideen wie den Zettel-Max vor, an den Sie wichtige Notizen klemmen können.

Da präsentiert ein Löffel-Huhn seine bunt bemalten Eier und wird somit zu einem echten Hingucker. Eine lustig gefleckte Löffel-Kuh heißt Ihre Gäste willkommen. Im Bad halten Frosch und Ente Waschtücher bereit und im Kinderzimmer schaffen sommersprossige Holzkerlchen schnell Ordnung.

Jetzt haben Sie bestimmt Lust aufs Basteln mit Holzlöffeln bekommen? Dann löffeln Sie doch einfach mit!

Ich wünsche Ihnen viel Spaß dabei,

Ihre

Petra Bauberger

Inhaltsverzeichnis

Decormatt
mat
mate
Marabu
Decorlack
lacquer
laque
lacca
lak
Marabu

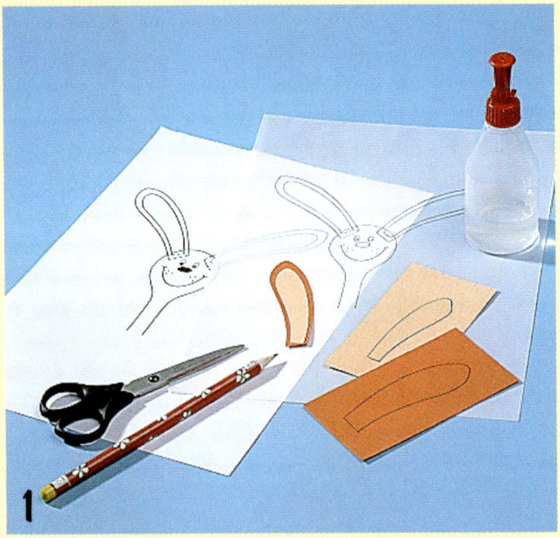

1

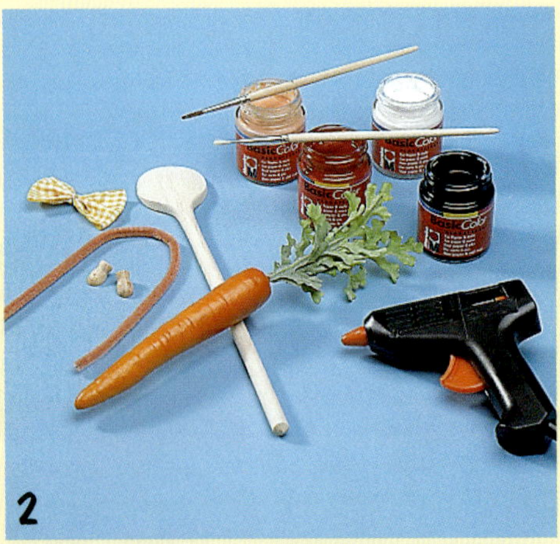

2

3

Grundkurs Vorlagen übertragen

Grundmaterial:

- *1 Holzlöffel, rund, 28 cm lang*
- *Marabu-BasicColor in Terracotta, Hautfarbe, Schwarz, Weiß*
- *Tonkarton in Rehbraun*
- *Tonpapier in Beige*
- *Transparentpapier*
- *Bleistift HB und H2*
- *Pinsel, Lineal*
- *Schere, Klebstoff*

1. Das Transparentpapier auf das gewünschte Motiv auflegen. Die Konturlinien des Gesichts und der Teile, die später an den Kochlöffel geklebt werden, mit dem Bleistift HB abpausen. Das Transparentpapier wenden und die Linien mit dem Bleistift HB nachziehen. Das Transparentpapier mit den nachgefahrenen Linien auf den zuvor grundierten Kochlöffel sowie Tonkarton bzw. Tonpapier legen, die Konturen mit dem Bleistift H2 erneut nachfahren und so auf die jeweiligen Untergründe übertragen.

2. Nun das Gesicht mit der Bastelfarbe und einem feinen Pinsel aufmalen.

3. Die Ohrenteile aufeinander kleben. Die fertigen Ohren dann von hinten gegen den Löffelkopf kleben, Arme, Möhre, Fliege und Anhänger anbringen.

Tipp: *Zum Grundieren der Löffel können Sie einen Flachpinsel Nr. 12 verwenden. Für feine Bemalungen eignen sich Pinsel Nr. 0, Nr. 1 und Nr. 2.*

Grundkurs Basteln mit Kochlöffeln

Grundmaterial:

- *1 Holzlöffel, rund, 20 cm lang*
- *Rundholz, Holzperle*
- *Bohrmaschine*
- *Holzbohraufsatz, Ø 3 mm für die Rundhölzer und Ø 4 mm für die Schrauben*
- *Marabu-Decormatt Bastelfarbe in Mittelgelb*
- *Moosgummi in Orange und Gestreift*
- *Pinsel, Schere, Klebstoff*

Für die Wandbefestigung:

- *Steinbohraufsatz, Ø 5 mm*
- *5er Dübel, Schraubenzieher*
- *Messingschraube mit Linsenkopf, 3,5 x 35 mm*

1. Die Markierungspunkte der Bohrlöcher von der Vorlage auf den Löffel übertragen. Die Löcher für die Haken (Ø 3 mm) und für die spätere Wandbefestigung (Ø 4 mm) in den Löffel bohren. Den Löffel gelb bemalen.

2. Das Rundholz auf die in der Anleitung angegebene Länge kürzen und mit Kraftkleber im Bohrloch befestigen. Das Hölzchen gelb bemalen. Die Holzperle auf das Hölzchen stecken und festkleben.

3. Schnabel, Wackelaugen und Stickgarn-Federchen anbringen. Mit einem Schraubenzieher die Messingschraube durch den Löffel in den Wanddübel drehen. Die Schraubverbindung z. B. mit einer Moosgummischleife oder auch mit Holzbuchstaben (siehe hierzu auch Modell „Alles an seinem Platz" auf Seite 26) kaschieren.

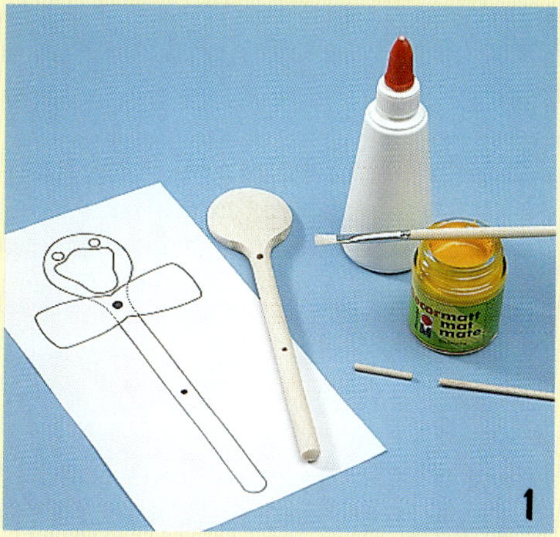

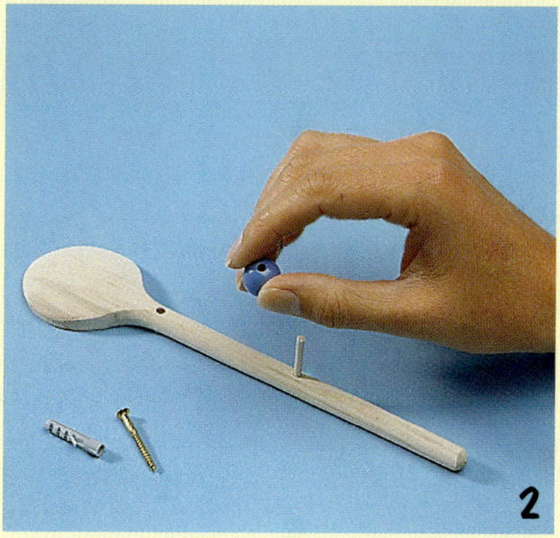

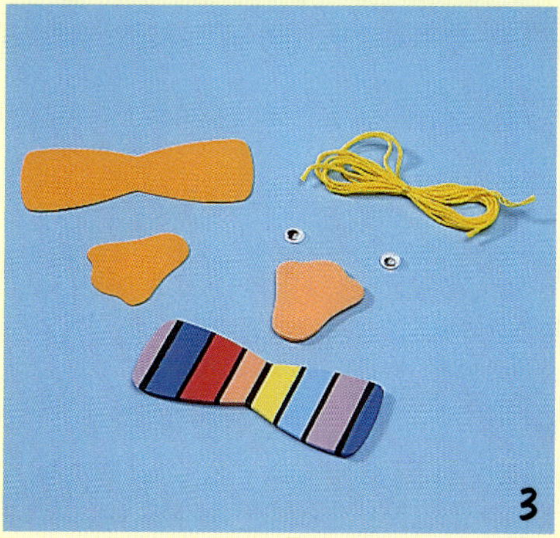

Kleine Schweine bringen Glück

1. Die Kochlöffel rosa und hautfarben bemalen. Trocknen lassen. Die Wattekugeln auf Zahnstocher stecken und ebenfalls rosa und hautfarben bemalen. Trocknen lassen.

2. Die Köpfe aus rosa- und hautfarbenem Tonkarton, die Schnauze und die Ohrinnenteile aus haut- und rosafarbenem Tonpapier fertigen. Die Schnauze und die Ohrinnenteile an den Kopf kleben. Mit dem Filzschreiber Augen, Nasenlöcher und Mund aufmalen. Mit einer Zahnstocherspitze kleine weiße Lichtreflexe in die Augen setzen.

3. Von dem Juteband einige Fäden lösen und von hinten gegen den Kopf kleben. Die Köpfe nun mit Klebekissen an den Kochlöffeln anbringen. Die Wattekugeln mit Heißkleber fixieren.

4. Für das Geschenkstecker-Schweinchen einen schmalen Streifen aus Tonkarton zuschneiden und mehrmals über die Scherenkante ziehen, bis er sich kringelt. Das Schwänzchen von hinten gegen den Löffel kleben.

5. Bastfäden zu einer Schleife binden und mit Heißkleber unter den Schweinsfüßen fixieren.

6. Das Geschenk in Geschenkpapier einschlagen und mit Bastfäden umschnüren. Zum Schluss das Schwein in die Umschnürung stecken.

7. Für das Gutschein-Schwein die Vorlage für den Briefumschlag auf das Streifen-Papier pausen und ausschneiden. Die gestrichelten Linien falzen, falten und zu einem Umschlag zusammenkleben. Die Klebeschrift auflegen und andrücken.

8. Den Umschlag nun mit einem Klebekissen auf dem Löffelstiel anbringen. Zum Schluss aus Jutefäden eine kleine Schleife binden und dekorativ auf den Gutschein kleben.

Material

- *Je 1 Holzlöffel, rund, 25 cm lang*
- *4 Wattekugeln, Ø 12 mm*
- *Marabu-BasicColor in Rosa, Hautfarbe, Weiß*
- *Tonkarton in Rosa, Hautfarbe*
- *Tonpapier in Hautfarbe, Hellrosa*
- *Streifen-Papier*
- *Filzschreiber in Schwarz*
- *Selbstklebende Schrift „Gutschein" in Silber*
- *Juteband in Natur, Naturbast*
- *Geschenkpapier*
- *Pinsel*
- *Zahnstocher*
- *Klebstoff*
- *Klebekissen*
- *Klebepistole*
- *Schere*

Vorlage 1, Bogen A

Gutschein
ROCHER

Fred und Tom, die Gartenwichtel

Wichtel mit Streifen

1. Den Löffelkopf hautfarben bemalen und trocknen lassen. Die Wattekugeln auf einen Zahnstocher stecken und rot und blau anmalen. Gut trocknen lassen.

2. Die Vorlagen für Mütze und Gesicht auf den Kochlöffel übertragen (siehe Grundkurs auf Seite 4). Die Streifen der Mütze wie auf dem Foto ausmalen. Den Löffelstiel im oberen Drittel rotblau geringelt, den unteren Teil nur uni mit Blau gestalten.

3. Die Halbperlen für die Augen, die Nase und den Bommel mit Kraftkleber am Kopf fixieren. Den Mund und die Bäckchen aufmalen. Zum Schluss aus mehreren Bastfäden eine Schleife binden und diese mit Heißkleber am Hals des Wichtels fixieren.

Wichtel mit Spaten

1. Den Löffelkopf hautfarben, den Stiel hellgrün bemalen und trocknen lassen. Die Holzhände rot bemalen. Ebenfalls gut trocknen lassen.

2. Die Vorlagen für Mütze und Gesicht auf den Löffel übertragen (siehe Grundkurs auf Seite 4). Die Wattekugel-Nase, den Bommel und die Halbperlen für die Augen aufkleben. Mütze, Nase und Bommel rot bemalen. Danach Mund und Bäckchen aufmalen.

3. Aus mehreren Bastfäden eine Schleife binden und auf den Löffelstiel kleben. Chenilledraht von ca. 15 cm Länge mit Heißkleber mittig als Arme auf der Rückseite des Löffelstiels befestigen.

4. Die Holzhände auf die Enden des Chenilledrahts stecken und ebenfalls mit Klebstoff fixieren. Den Spaten mit Heißkleber anbringen. Zum Schluss die Hände an den Spaten kleben.

Tipp: *Die Stecker können Sie sowohl in Balkonkästen als auch zwischen Blumen oder Kräutern im Garten arrangieren. Oder Sie stecken sie als witzige Geschenkstecker in Kräuter- oder Blumentöpfe.*

Material

- *Je 1 Holzlöffel mit Spitze, 30 cm lang und 25 cm lang*
- *2 Holzhände, 18 mm lang*
- *Je 1 Wattekugel, Ø 10 mm (Nasen)*
- *Je 1 Wattekugel, Ø 12 mm (Bommel)*
- *Marabu-BasicColor in Hautfarbe, Zinnoberrot hell, Azurblau, Gelbgrün, Schwarz*
- *4 Halbperlen in Schwarz, Ø 3 mm*
- *Naturbast in Gelb*
- *Chenilledraht in Grün*
- *Miniatur-Spaten*
- *Pinsel, Schere*
- *Kraftkleber, Klebepistole*

Vorlage 2, Bogen A

Fleißiges Friesenhuhn Edda

1. Vom Löffelstiel im unteren Drittel ca. 7 cm absägen. Den Löffelstiel nun entsprechend der Einzeichnung in der Vorlage seitlich durchbohren. Ein Loch von 12 mm Durchmesser in die Mitte des Holzklotzes bohren. Das Rundholz auf eine Länge von ca. 15 cm kürzen.

2. Den Kochlöffel und das Rundholz weiß, den Holzklotz hellgrün bemalen. Gut trocknen lassen.

3. Aus rotem Tonkarton den Kamm und den Kinnbart, aus gelbem Tonkarton den Schnabel des Huhns fertigen. Die Nasenlöcher und die Schnabellinie mit dem Filzschreiber auf dem Schnabel einzeichnen.

4. Den Kamm mit Klebstoff auf dem Löffel anbringen. Den Schnabel mit einem Klebekissen fixieren, darunter den Kinnbart aufkleben. Die Halbperlen für die Augen mit etwas Kraftkleber am besten mit Hilfe einer Pinzette anbringen. Dann die Bäckchen in Rot aufmalen.

5. Das Rundholz durch die Bohrung im Stiel schieben und mit Kraftkleber fixieren. Die Perlen aufstecken, eventuell ebenfalls mit Klebstoff fixieren. Den Stiel in die Bohrung des Holzklotzes kleben.

6. Die Holzeier auf Schaschlikspieße stecken und bunt bemalen. Die Punkte mit einem Wattestäbchen aufstempeln. Mehrere längere Fäden aus dem Juteband herauslösen und diese mit Kraftkleber in den Bohrungen der Eier fixieren. Die Eier dann an das Rundholz hängen.

7. Das Seegras bündeln und mit einem Jutefaden straff abbinden. Das Gras mit Heißkleber auf den Holzklotz kleben. Ein Ei, ebenfalls mit Heißkleber, dazu kleben.

Material

- *1 Holzlöffel, oval, 35 cm lang*
- *1 Holzklotz, ca. 7,5 x 5 x 6 cm*
- *Bohrmaschine*
- *Holzbohraufsätze, Ø 4 mm und Ø 12 mm*
- *Rundholz, Ø 4 mm*
- *Kleine Säge*
- *Marabu-Decormatt Bastelfarbe in Weiß, Scharlachrot, Mittelgelb, Orange, Zartblau, Gelbgrün*
- *Tonkarton in Rot, Goldgelb*
- *2 Halbperlen in Schwarz, Ø 3 mm*
- *2 Holzperlen in Gelb, Ø 13 mm, mit einer Bohrung von Ø 4 mm*
- *Holzeier, 3,5 und 4,5 cm*
- *Seegras in Orange, Juteband*
- *Filzschreiber in Schwarz*
- *Wattestäbchen, Pinzette*
- *Schaschlikspieße*
- *Pinsel, Schere*
- *Klebstoff, Klebekissen*
- *Kraftkleber, Klebepistole*

Vorlage 3, Bogen A

„Frohe Ostern" wünscht der Hase

1. Den Kochlöffel und die Hände rehbraun bemalen. Dazu die Farben Terracotta und Hautfarbe zu einem entsprechenden Braunton vermischen. Gut trocknen lassen.

2. Die Vorlage für das Gesicht auf den Löffelkopf übertragen (siehe Grundkurs auf Seite 4). Augen, Nase und Mund mit einem feinen Pinsel nachmalen. Die Lichtreflexe in den Augen und auf der Nase mit Weiß aufsetzen bzw. aufmalen. Die Bäckchen mit dem Farbstift auftragen.

3. Die Ohren auf Tonkarton, die Ohrinnenteile auf Tonpapier übertragen und ausschneiden. Die Ohren über die Scherenkante ziehen, so dass sie sich wölben. Die Ohrinnenteile auf die Ohren kleben. Die fertigen Ohren dann von hinten am Löffelkopf anbringen.

4. Den Chenilledraht mit Heißkleber mittig auf der Rückseite des Stiels befestigen. Die Hände auf die Enden des Drahtes stecken und mit etwas Klebstoff fixieren.

5. Das Geschenkband auf eine Länge von ca. 12 cm zuschneiden. Die Bandenden zur Mitte hin überlappend aufeinander legen. Das Band in der Mitte zusammenfassen und mit dem Draht straff abbinden. Die Drahtenden ineinander verdrillen. Die so gefertigte Fliege unterhalb des Hasenkopfes mit Heißkleber auf dem Stiel befestigen.

6. Die Mohrrübe mit Heißkleber auf dem Stiel fixieren. Die Hände danach - ebenfalls mit Heißkleber - wie auf dem Foto an der Möhre befestigen.

7. Mit der Lochzange ein kleines Loch in die Osterkarte stanzen. Die Karte nach Wunsch beschriften und zum Schluss mit einem Jutefaden an die Möhre binden.

Tipp: *Anstelle der Möhre können Sie dem Hasen natürlich auch ein ausgeblasenes, bemaltes Ei in die Pfoten geben.*

Material

- *1 Holzlöffel, rund, 28 cm lang*
- *2 Holzhände*
- *Marabu-BasicColor in Hautfarbe, Terracotta, Schwarz, Weiß*
- *Tonkarton in Rehbraun*
- *Tonpapier in Beige*
- *Chenilledraht in Hellbraun*
- *1 künstliche Mohrrübe, 23 cm lang (mit Grün)*
- *Geschenkband, gelb kariert, 4 cm breit*
- *Kleine Osterkarte*
- *Dünner Basteldraht in Silber*
- *Jutefaden*
- *Farbstift in Rot*
- *Pinsel, Schere*
- *Lochzange*
- *Klebstoff, Klebepistole*

Vorlage 4, Bogen A

Frohe
stern

Kleine Mäuse erfüllen große Wünsche

1. Die Kochlöffel mit Zartblau bemalen. Trocknen lassen. Die Wattekugeln für die Nasen auf einen Zahnstocher stecken und mit Schwarz bemalen. Ebenfalls gut trocknen lassen.

2. Das Ohr für die kleine Maus auf Transparentpapier pausen und danach zweimal auf den Bastelkarton übertragen. Das Ohr für die große Maus nur einmal auf den Bastelkarton übertragen. Die Ohren ausschneiden und jeweils von hinten gegen den Kochlöffelkopf kleben.

3. Die Wattekugel-Nasen wie auf dem Foto zu sehen mittig bzw. seitlich auf die Löffelgesichter kleben.

4. Nun mit einem feinen Pinsel die Mäusegesichter aufmalen. Die schwarzen Bartstoppeln und die weißen Glanzlichter in den Augen, mit denen diese erst richtig lebendig wirken, lassen sich am einfachsten mit Hilfe einer Zahnstocherspitze aufsetzen.

5. Falls nötig, die Klebekissen auf die passende Größe zuschneiden und die Geldstücke mit diesen auf den Ohren fixieren.

6. Die Geldscheine, beginnend an der Schmalseite, zu einer Ziehharmonika falten und in der Mitte mit dem Draht straff abbinden. Die Drahtenden ineinander verdrillen. Die Faltungen zu einer attraktiven Fliegenform auffächern.

7. Den Draht nun mit dem Geschenkband kaschieren. Aus dem Band eine kleine Schleife binden. Die Geldschein-Fliege mit einem auf die passende Größe zugeschnittenen Klebekissen auf den Kochlöffeln fixieren.

Material

- *1 Holzlöffel, rund, 21 cm lang*
- *1 Holzlöffel mit Spitze, 30 cm lang*
- *2 Wattekugeln, Ø 10 mm*
- *Marabu-Decormatt Bastelfarbe in Zartblau, Purpurrosa, Schwarz, Weiß*
- *Bastelkarton in Hellblau*
- *Geschenkband in Weiß, 3 mm breit*
- *Dünner Basteldraht in Silber*
- *Zahnstocher*
- *Pinsel*
- *Schere*
- *Kraftkleber*
- *Klebekissen*

Vorlage 5, Bogen A

Zettel-Max vergisst nichts

1. Die Bohrungen entsprechend der Einzeichnungen auf der Vorlage seitlich und vorn auf dem Löffelstiel durchführen. In die Mitte des Holzklotzes ein Loch mit 12 mm Durchmesser bohren. Den Holzklotz danach rosafarben bemalen.

2. Den Löffelkopf hautfarben, den Stiel hellgrün anmalen. Die Wattekugel für die Nase mit Hautfarbe bemalen. Alles gut trocknen lassen, danach die Bäckchen in Rosa, den Mund mit Schwarz aufmalen.

3. Die Wattekugel-Nase und die Wackelaugen aufkleben. Aus Tonkarton die Ohren zuschneiden und von hinten gegen den Löffelkopf kleben.

4. Das Rundholz auf eine Länge von 21 cm kürzen. Das Holzstück durch die seitliche Bohrung schieben und dort mit Kraftkleber fixieren.

5. Von dem Rundholz-Reststück 3 cm absägen und als Aufhängestift an der Vorderseite des Stieles anbringen.

6. Die Hölzchen rosa und hellgrün bemalen und trocknen lassen. Die Holzperlen auf die Enden der Hölzchen stecken und mit Klebstoff fixieren. Den Löffelstiel mit Kraftkleber im Bohrloch des Holzklotzes befestigen.

7. Für die Haare von Max mehrere Wollfäden zusammennehmen und mit einem Wollfaden mittig straff abbinden. Die Haare mit Heißkleber auf dem Löffelkopf anbringen.

8. Für die Wollfadenbefestigungen die Fäden mit der Sticknadel schlaufenartig durch die Perlen ziehen. Die Schlaufen um das Rundholz legen und die Perlen nach oben schieben. Nun können alle die kleinen Dinge, die nicht in Vergessenheit geraten sollen, mit den Mini-Wäscheklammern an die Wollfäden gehängt werden.

Material

- *1 Holzlöffel, rund, 28 cm lang*
- *1 Holzklotz, 5,5 x 6 x 5,5 cm*
- *1 Rundholz, Ø 4 mm*
- *Bohrmaschine*
- *Kleine Säge*
- *Holzbohraufsätze, Ø 4 mm und Ø 12 mm*
- *Marabu-BasicColor in Rosa, Hautfarbe, Gelbgrün, Schwarz*
- *1 Wattekugel, Ø 12 mm*
- *2 Wackelaugen, oval, 8 mm*
- *2 Holzperlen, oval, 30 mm lang, mit einer Bohrung von Ø 4 mm*
- *1 Holzperle, Ø 13 mm, mit einer Bohrung von Ø 4 mm*
- *Bunte Holzperlen, Ø 8 mm*
- *Tonkarton in Hautfarbe*
- *Bunte Wolle, spitze Sticknadel*
- *Mini-Holzwäscheklammern*
- *Pinsel, Schere*
- *Kraftkleber*

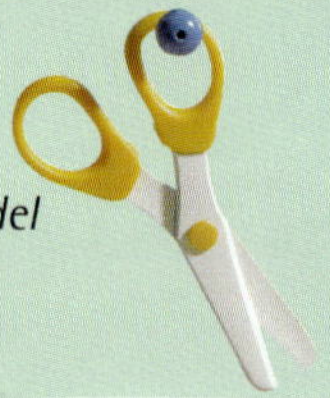

Vorlage 6, Bogen A

008568
Eintrittskarte
Erwachsene
Preis lt. Aushang
Aufbewahren und auf Verlangen vorzeigen

Pünktchen, der Frühlingskäfer

1. Den Kochlöffel in Hautfarbe und Rot bemalen. Gut trocknen lassen. Die Wattekugel für die Nase mit Rot, die Hände mit Schwarz bemalen und wiederum gut trocknen lassen.

2. Die Vorlage für das Gesicht auf den Löffelkopf übertragen (siehe Grundkurs Seite 4). Das Käferhäubchen und den Mund mit Schwarz aufmalen. Die Mundwinkel mit einem Punkt abschließen.

3. Die Wattekugel-Nase und die Halbperlen für die Augen aufkleben. Zum Halten der Perlen am besten eine Pinzette benutzen. Zwei Lederbandstücke von ca. 4 cm Länge als Fühler von hinten gegen den Löffelkopf kleben. Die Perlen auf die Bandenden stecken und dort mit etwas Klebstoff fixieren.

4. Die Vorlage für die Flügel auf den Marienkäfer-Karton übertragen und ausschneiden. Die Flügel mit Heißkleber von hinten gegen den Löffelstiel kleben.

5. Zwei Klebekissen übereinander auf die Vorderseite des Löffelstiels kleben und den Ton-Halbtopf darauf befestigen. Danach die Kunstblümchen mit Heißkleber in dem Topf fixieren.

6. Für die Käferarme von dem Chenilledraht zwei Stücke von ca. 4 cm Länge abschneiden und rund biegen. Die Holzhände auf je ein Drahtende schieben und mit ein wenig Klebstoff fixieren.

7. Die Chenilledraht-Arme nun mit Heißkleber gegen die Flügel kleben. Die Hände auf den Halbtopf kleben. Zum Schluss den dekorativen kleinen Marienkäfer anbringen.

Material

- *1 Holzlöffel, rund, 28 cm lang*
- *2 Holzhände, 18 mm lang*
- *1 Wattekugel, Ø 10 mm*
- *Marabu-Decormatt Bastelfarbe in Hautfarbe, Scharlachrot, Schwarz*
- *Tierkarton „Marienkäfer"*
- *2 Halbperlen in Schwarz, Ø 3 mm*
- *2 Holzperlen in Schwarz, Ø 8 mm*
- *Chenilledraht in Schwarz*
- *1 Terracotta-Mini-Halbtopf, 3,5 cm*
- *Kunstblümchen, Marienkäfer-Streuteil*
- *Dünne Lederschnur in Rot*
- *Pinzette*
- *Pinsel*
- *Schere*
- *Klebekissen*
- *Kraftkleber, Klebepistole*

Vorlage 7, Bogen A

Hallo, guten Morgen!

1. Wie auf den Vorlagen eingezeichnet, in jeden Kochlöffelstiel zwei Löcher bohren. Danach die Löffel mit Hellgrün und Gelb bemalen. Gut trocknen lassen.

2. Von dem Rundholz zwei je 3 cm lange Stücke absägen und diese als Aufhängestifte mit Kraftkleber in den unteren Bohrlöchern befestigen. Die Holzstücke dann in der Farbe des Löffelstiels bemalen. Gut trocknen lassen, danach die Holzkugeln aufstecken und ggf. mit etwas Klebstoff fixieren.

3. Die Vorlagen für die Fliegen und den Schnabel mit Transparentpapier vom Vorlagenbogen abpausen, auf einen Tonkartonrest übertragen und möglichst exakt ausschneiden.

4. Die so gefertigten Schablonen nun auf das Moosgummi in den jeweiligen Farben auflegen und die Schablonen-Konturen mit einem Stift umfahren. Danach die Fliegen und den Schnabel ausschneiden.

5. Den Mund und die Bäckchen des Frosches aufmalen und die Wackelaugen aufkleben. Die Nasenlöcher mit Hilfe einer in Farbe getauchten Schaschlikspießspitze aufsetzen. Das fertige Modell an die Wand schrauben (siehe Grundkurs auf Seite 5). Danach die Moosgummi-Fliege über die Schraube kleben.

6. Den Schnabel und die Wackelaugen auf den Entenkopf kleben. Die Stickgarn-„Federchen" von hinten gegen den Kopf kleben. Das Modell wie im Grundkurs auf Seite 5 beschrieben an der Wand befestigen. Zum Schluss die Schraube wie beim Frosch ebenfalls mit der Fliege kaschieren.

Material

- *2 Holzlöffel, rund, 20 cm lang*
- *Rundholz, Ø 3 mm*
- *Kleine Säge*
- *2 Holzkugeln, Ø 19 mm*
- *Bohrmaschine*
- *Holzbohraufsätze, Ø 3 mm und Ø 4 mm*
- *Marabu-Decormatt Bastelfarbe in Mittelgelb, Gelbgrün, Zinnoberrot, Schwarz*
- *Tonkarton (Reststück)*
- *Moosgummi in Bunt gestreift und Orange, 3 mm stark*
- *Je 2 Wackelaugen, Ø 14 mm und Ø 8 mm*
- *Stickgarn in Gelb*
- *Schaschlikspieß*
- *Bleistift, Pinsel*
- *Schere*
- *Klebekissen, Kraftkleber*

Vorlage 8, Bogen B

Willkommen, liebe Gäste!

1. Wie auf der Vorlage eingezeichnet, den Löffelkopf vom Stiel absägen. Von dem Stiel ein Stück von 16 cm Länge zusägen. An den auf der Vorlage bezeichneten Stellen an Löffelkopf und Stiel Bohrungen für Beine und Aufhängung vornehmen.

2. Den Kopf, die Hörner und das Maul der Kuh mit der Schere vorsichtig aus Balsaholz schneiden. Das Schild und die Teile des Blumentopfes ebenfalls aus Balsaholz zuschneiden. Den Löffelbauch der Kuh und den Kopf weiß bemalen. Den Stiel hellgrün, das Schild zartblau anmalen. Gut trocknen lassen. Nun den Blumentopfrand auf den Blumentopf kleben und alles rosafarben bemalen.

3. Die Hörner und das Maul auf den Kopf der Kuh kleben und wie auf dem Foto bemalen. Die Nasenlöcher und den Mund aufmalen. Dann den Kopf auf den Löffel-Bauch kleben. Auf Kopf und Körper die schwarzen Flecken malen. Die Halbperlen mit Hilfe einer Pinzette aufkleben. Einige Jutefäden von hinten an den Kopf kleben.

4. Zwei Paketkordelstücke durch die vorgebohrten Löcher im Körper ziehen. Die Holzperlen als Hufe auf die Kordelenden fädeln und mit einem Knoten sichern.

5. Den Draht auf ca. 50 cm kürzen, durch eines der Bohrlöcher im Holzstiel ziehen und verdrillen. Den Draht spiralförmig um einen Pinselstiel drehen und wieder abziehen. Den Draht danach etwas auseinander ziehen, durch das zweite Bohrloch führen und das Ende ebenfalls verdrillen. Zum Kürzen und Verdrillen des Drahtes eine Zange verwenden.

6. Die Schrift auf das Schild übertragen und farbig nachzeichnen. Die Punkte mit einer in schwarze Farbe getauchten Schaschlikspießspitze aufsetzen. Den Blumenstiel hinter den Topf, dann die Blume aufkleben. Kuh, Schild und Blumentopf mit Heißkleber auf den Stiel kleben. Etwas Heu mit einem Jutefaden abbinden, dann das Heu auf dem Stiel, eine Juteschleife auf dem Schild fixieren. Zum Schluss den Rechen aufkleben.

Material

- *1 Holzlöffel, 25 cm lang*
- *Kleine Säge, Bohrmaschine*
- *Holzbohraufsatz, Ø 2 mm*
- *Balsaholz, 1 mm stark*
- *Marabu-Decormatt Bastelfarbe in Weiß, Hellgrün, Zartblau, Schwarz, Purpurrosa*
- *2 Halbperlen in Schwarz, Ø 3 mm*
- *4 Holzperlen in Schwarz, Ø 12 mm*
- *Basteldraht, Ø 0,65 mm*
- *Streuteil „Blume"*
- *Miniatur-Rechen*
- *Juteband in Natur, Heu*
- *Dünne Paketschnur*
- *Schaschlikspieß*
- *Zange, Pinzette*
- *Pinsel*
- *Kleine spitze Schere*
- *Kraftkleber, Klebepistole*

Vorlage 9, Bogen B

WELCOME

Fröhliche Frühlingsfreunde

Hase

1. Die Farben Terracotta und Hautfarbe zu einem Rehbraun mischen. Die Wattekugeln auf Zahnstocher stecken und diese sowie den Kochlöffel mit dem Mischton bemalen. Gut trocknen lassen.

2. Die Vorlagen für den Kopf auf Tonkarton, für die Ohrinnenteile auf Tonpapier übertragen und ausschneiden. Die Ohrinnenteile auf die Ohren kleben.

3. Mit dem Filzschreiber das Gesicht aufmalen. Etwas Seegras als Barthaare aufkleben. Den Hasenkopf mit einem Klebekissen auf dem Löffel befestigen. Zum Schluss die Wattekugel-Pfoten und die Mohrrübe mit Heißkleber fixieren.

Küken

1. Die Farben Mittelgelb und Weiß zu einem helleren Gelb mischen und den Löffel damit bemalen. Gut trocknen lassen.

2. Die Vorlagen für den Kopf und die Flügel auf Tonkarton, für das Halstuch auf das Papier mit Pünktchenmuster und für den Schnabel auf Tonpapier übertragen und ausschneiden. Den Schnabel auf den Kopf kleben und die Augen aufmalen.

3. Das Halstuch auf den Löffel kleben. Den Kopf mit einem Klebekissen auf dem Halstuch fixieren. Die Marabufeder kürzen und von hinten gegen den Kopf kleben. Dann die Flügel auf der Rückseite des Löffels anbringen.

4. Für beide Modelle etwas Seegras mit dem Basteldraht in der Mitte abbinden und die Bindung mit einem Jutefaden kaschieren. Zum Schluss die Gras-Fliegen mit Heißkleber auf den jeweiligen Löffeln fixieren.

Material

- *2 Holzlöffel, rund, 20 cm*
- *2 Wattekugeln, Ø 10 mm*
- *Marabu-BasicColor in Terracotta, Hautfarbe, Orange, Mittelgelb, Weiß*
- *Tonkarton in Terrakotta, Gelb*
- *Tonpapier in Hautfarbe, Orange*
- *Papier mit Pünktchendekor*
- *Marabufeder in Gelb*
- *Mini-Mohrrübe, Seegras*
- *Dünner Basteldraht*
- *Filzschreiber in Schwarz*
- *Jutefaden*
- *Pinsel, Schere*
- *Klebekissen*
- *Klebstoff, Klebepistole*
- *Zahnstocher*

Vorlage 10, Bogen B

Alles an seinem Platz

1. Die Bohrungen entsprechend den Einzeichnungen auf der Vorlage vornehmen. Da die Bohrlöcher für die Wandbefestigung später durch die Buchstaben verdeckt werden sollen, die Buchstaben probehalber auf den Spachteln platzieren und die Position anzeichnen.

2. Die Köpfe der Spachtel hautfarben, die Stiele hellgrün, rot und blau bemalen und trocknen lassen. Die Wattekugeln auf Zahnstocher stecken und rot bemalen. Die Buchstaben rot, gelb und grün malen. Den Mund und die Zähne aufzeichnen.

3. Die Wattekugel-Nasen und die Wackelaugen aufkleben. Mit der Zahnstocherspitze in Gelbocker ein paar Sommersprossen aufsetzen. Haare aus Wolle an den Bohrlöchern festknoten. Dabei zum Durchziehen der Wollfäden eine Sticknadel verwenden.

4. Die Vorlage für die Ohren auf Tonkarton übertragen und ausschneiden. Die Ohren dann wie auf der Vorlage eingezeichnet hinter den Köpfen ankleben.

5. Für die Kleiderhaken Rundholzstücke von 2,5 cm Länge zusägen. Die Hölzchen mit Kraftkleber in den entsprechenden Bohrlöchern befestigen. Die Holzwürfel auf die Hölzchen-Enden stecken und ebenfalls mit Kraftkleber fixieren.

6. Die Figuren an die Wand schrauben. Die Buchstaben danach entweder mit Klebekissen oder mit Kraftkleber auf den Stielen befestigen.

Tipp: *Diese lustigen Kleiderhaken können Sie natürlich in einer beliebigen Anzahl entsprechend dem Namen Ihres Kindes basteln und mit weiteren witzigen Gesichtsvarianten versehen.*

Material

- *Raclette-Spachtel*
- *Bohrmaschine*
- *Holzbohraufsätze, Ø 3 mm und Ø 5 mm*
- *Rundholz, Ø 3 mm*
- *Kleine Säge*
- *Marabu-Decormatt Bastelfarbe in Hautfarbe, Mittelgelb, Gelbgrün, Scharlachrot, Azurblau, Gelbocker, Schwarz, Weiß*
- *Holzbuchstaben*
- *Bunte Holzwürfel-Perlen mit einer Bohrung von Ø 3 mm*
- *3 Wattekugeln, Ø 10 mm*
- *Wackelaugen*
- *Tonkarton in Hautfarbe*
- *Wolle in Rot*
- *Spitze Sticknadel*
- *Pinsel, Zahnstocher*
- *Schere*
- *Kraftkleber, Klebekissen*

Vorlage 11, Bogen B

TOM

Clown Beppo liebt Überraschungen

1. Den Löffelkopf entsprechend der Vorlage vom Stiel absägen. Dann den Kopf sowie die Holzkugeln hautfarben bemalen und gut trocknen lassen.

2. Das Gesicht auf den Löffelkopf übertragen (siehe Grundkurs auf Seite 4). Die weiße Mundpartie aufmalen und die Mundlinien mit Schwarz nachziehen. Die Wattekugel aufkleben und rot bemalen. Die Halbperlen als Augen aufkleben. Dazu ggf. eine Pinzette zu Hilfe nehmen.

3. Den Tontopf mit Hellgrün, den Rand mit Rosa bemalen. Die Mini-Töpfe zartblau und violett bemalen. Den Glockentontopf mit Mittelblau, die Ränder mit Violett und Rosa bemalen. Den Halbtopf violett und rosa anmalen. Alles gut trocknen lassen.

4. Die Holzperlen auf den Tontopf kleben. Zum Übertragen der Punkte auf den Tontopf eine Schablone aus Tonpapier herstellen. Die Punkte dann in Rosa, Violett und Rot ausmalen. Trocknen lassen.

5. Für die Haare mehrere Bastfäden zusammennehmen und mit einem Bastfaden im oberen Drittel straff abbinden. Dann die Haare auseinander fächern und auf den Löffelrand kleben. Den Halbtopf-Hut mit Heißkleber darauf kleben.

6. Vier Bastfäden von ca. 60 cm Länge mittig um den Löffelstiel binden und verknoten. Auf beiden Seiten die Töpfe und die Holzkugeln wie auf dem Foto auffädeln. Die Bastfäden verknoten. Aus dem Geschenkband eine Fliege binden und diese mit Heißkleber am Stiel fixieren.

7. Die beiden Körper-Töpfe lose aufeinander stecken, zuvor süße Überraschungen in Beppos Bauch verstecken.

Material

- *1 Holzlöffel, rund, 24 cm lang*
- *Kleine Säge*
- *1 Wattekugel, Ø 12 mm*
- *2 Holzkugeln, Ø 35 mm*
- *1 Tontopf, Ø außen 9 cm*
- *2 Tontöpfe, Ø außen 3,5 cm*
- *1 Glockentontopf, Ø außen 11 cm*
- *1 Halbtopf, 3,5 cm hoch*
- *2 Halbperlen in Schwarz, Ø 4 mm*
- *Marabu-Decormatt Bastelfarbe in Weiß, Schwarz, Hautfarbe, Gelbgrün, Scharlachrot Purpurrosa, Rötlich Violett, Mittelblau, Zartblau*
- *3 Holzperlen in Orange, flach, Ø 18 mm*
- *Edelbast in Hellrot, Gelb*
- *Geschenkband, rot kariert, 4 cm breit*
- *Dünner Basteldraht*
- *Pinsel, Schere, Pinzette,*
- *Kraftkleber, Klebepistole*

Vorlage 12, Bogen B

Kleine Geldkatzen

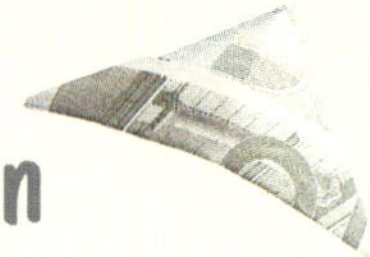

1. Die Kochlöffel mit Pink bzw. Orange bemalen und alles gut trocknen lassen. Mit einem feinen Pinsel die Augen, die Nase und die Mundlinien aufmalen und wiederum gut trocknen lassen.

2. Damit die Gesichter lebendig wirken, nun mit einer in weiße Farbe getauchten Schaschlikspießspitze kleine Lichtreflexe in die Augen setzen. Die Bartstoppeln mit Schwarz aufmalen.

3. Für die Katze mit Hut den Geldschein zu einem Hütchen falten und dieses fesch auf die Löffelspitze stecken, eventuell zusätzlich mit einem Klebepad fixieren.

4. Die Vorlage für das Ohr auf das Herzchenpapier übertragen und ausschneiden. Dann das Ohr wie auf dem Foto zu sehen von hinten gegen den Löffel kleben.

5. Mit dem Motivlocher ein kleines Herz für die Nase ausstanzen und aufkleben. Auch hier mit einer Schaschlikspießspitze einen kleinen Lichtreflex aufsetzen.

6. Bei der orangefarbenen Katze die Vorlagen für die Ohren auf Pünktchenpapier übertragen und ausschneiden. Dann die Ohren von hinten gegen den Kochlöffel kleben. Das Gesicht aufmalen und ein ausgestanztes Herz als Nase aufkleben.

7. Die Geldscheine, beginnend an der Schmalseite, zu einer Ziehharmonika falten und in der Mitte mit dem Draht straff abbinden. Die Drahtenden ineinander verdrillen. Die Faltungen zu einer attraktiven Fliegenform auffächern.

8. Den Draht nun mit dem Geschenkband kaschieren. Aus dem Band eine kleine Schleife binden. Die Geldschein-Fliegen mit einem auf die passende Größe zugeschnittenen Klebekissen auf den Kochlöffeln fixieren.

Material

- *1 Holzlöffel mit Spitze, 30 cm lang*
- *1 Holzlöffel, rund, 32 cm lang*
- *Marabu-BasicColor in Rosa, Orange, Schwarz, Weiß*
- *Papier mit Herz- und Punktedekor*
- *Tonkarton in Rot*
- *Motivlocher „Kleines Herz"*
- *Dünner Silberdraht*
- *Pinsel*
- *Schaschlikspieß*
- *Schere*
- *Geschenkband in Rot, 3 mm breit*
- *Klebstoff, Klebekissen*

Vorlage 13, Bogen B

Impressum

Entwürfe und Realisation: Petra Boniberger
Lektorat: Ulrike Bogatz
Fotos: Fotostudio Oswald, Schwörstadt (Seiten 15 und 31), alle anderen Fotos: Inge Ofenstein, München
Styling: Fotostudio Oswald (Seiten 15, 31), alle anderen Fotos: Ulrike Hundhammer
Umschlaggestaltung: Isabell Rinner
Layout und Produktion: buchkonzept@web.de
Druck und Verarbeitung: J. P. Himmer, Augsburg

ISBN 3-89858-367-8

Autorin und Verlag haben alle Angaben und Anleitungen mit größtmöglicher Sorgfalt zusammengestellt. Dennoch kann bei Fehlern keinerlei Haftung für direkte oder indirekte Folgen übernommen werden.

Herstellerverzeichnis:

Farben und Lacke:
Marabuwerke GmbH & Co.
Asperger Str. 4
71732 Tamm

Holzlöffel: Fackelmann GmbH & Co. KG

Hobby- und Bastelbedarf:
Rayher Hobby, KnorrPrandell, Uhu,
alle über Hobby- und Bastelfachhandel

Farbauswahl **Marabu-Decormatt**

222 Vanille	020 Zitron	221 Mango	021 Mittelgelb	224 Pfirsich	013 Orange	038 Zinnoberrot hell	031 Scharlachrot
032 Karminrot	043 Rotwein	029 Hautfarbe	231 Wildrose	237 Zartrosa	238 Altrosa	002 Purpurrosa	050 Violett rötl.
051 Violett dkl.	089 Krokus	235 Flieder	291 Arktis	292 Zartblau	095 Azurblau	052 Mittelblau	055 Ultramarin-Oblau dkl.
053 Dunkelblau	260 Taubenblau, hell	059 Bayrischblau	259 Antikblau	099 Türkisblau dkl.	262 Zarttürkis	097 Blaugrün	066 Gelbgrün
276 Schilf	065 Olivgrün	075 Tannengrün	277 Mistel	266 Antikgrün	247 Beige	245 Milchkaffee	028 Gelbocker
040 Mittelbraun	045 Dunkelbraun	278 Hellgrau	271 Elfenbein	070 Weiß	073 Schwarz		
733 Metallic-Rosa	750 Metallic-Violett	752 Metallic-Blau	767 Metallic-Grün	772 Metallic-Anthrazit	782 Metallic-Silber	784 Metallic-Gold	787 Metallic-Kupfer

Frank Baumgartner · Matthias Dalferth · Heike Vogel
Berufliche Teilhabe für Menschen aus dem autistischen Spektrum (ASD)